Dieser Block gehört:

Vorname: ____________________________

Name: ______________________________

Alter: __________

Straße: ____________________________

Ort: _______________________________

Willi Wiesel lässt mit seinen Freunden kleine Segelschiffe über das Wasser fahren. Male die Segel, die das gleiche Muster haben, in derselben Farbe an.

Willi Wiesel hat von den Tieren in seinem Garten ein Schattenbild gemalt. Verbinde jedes Schattenbild mit dem richtigen Tier und male das große Bild bunt an.

Auf dem Dachboden sind einige Mäuschen zu Hause. Male den Würfel an, der genauso viele Punkte hat, wie du Mäuschen zählst. Male danach das Bild bunt an.

In jeder Reihe findest du ein Bild, das nicht passt. Male das falsche Bild farbig an.

Auf dem Jahrmarkt hat Willi Wiesel acht Luftballons gewonnen. Immer zwei Luftballons haben die gleiche Form. Male die zwei gleichen Luftballons jeweils mit derselben Farbe an.

Kannst du das Tier fertig zeichnen? Verbinde alle Punkte richtig miteinander. Welches Tier erkennst du?

Wie viele Teddybären stehen hier hintereinander? Male jeden Bären in einer anderen Farbe an, dann siehst du es.

Im Teppichgeschäft gibt es Teppiche, die mit Tiermustern bedruckt sind. Welchem Tier sehen die Teppiche ähnlich? Verbinde immer mit einer Linie und male die Bilder bunt an.

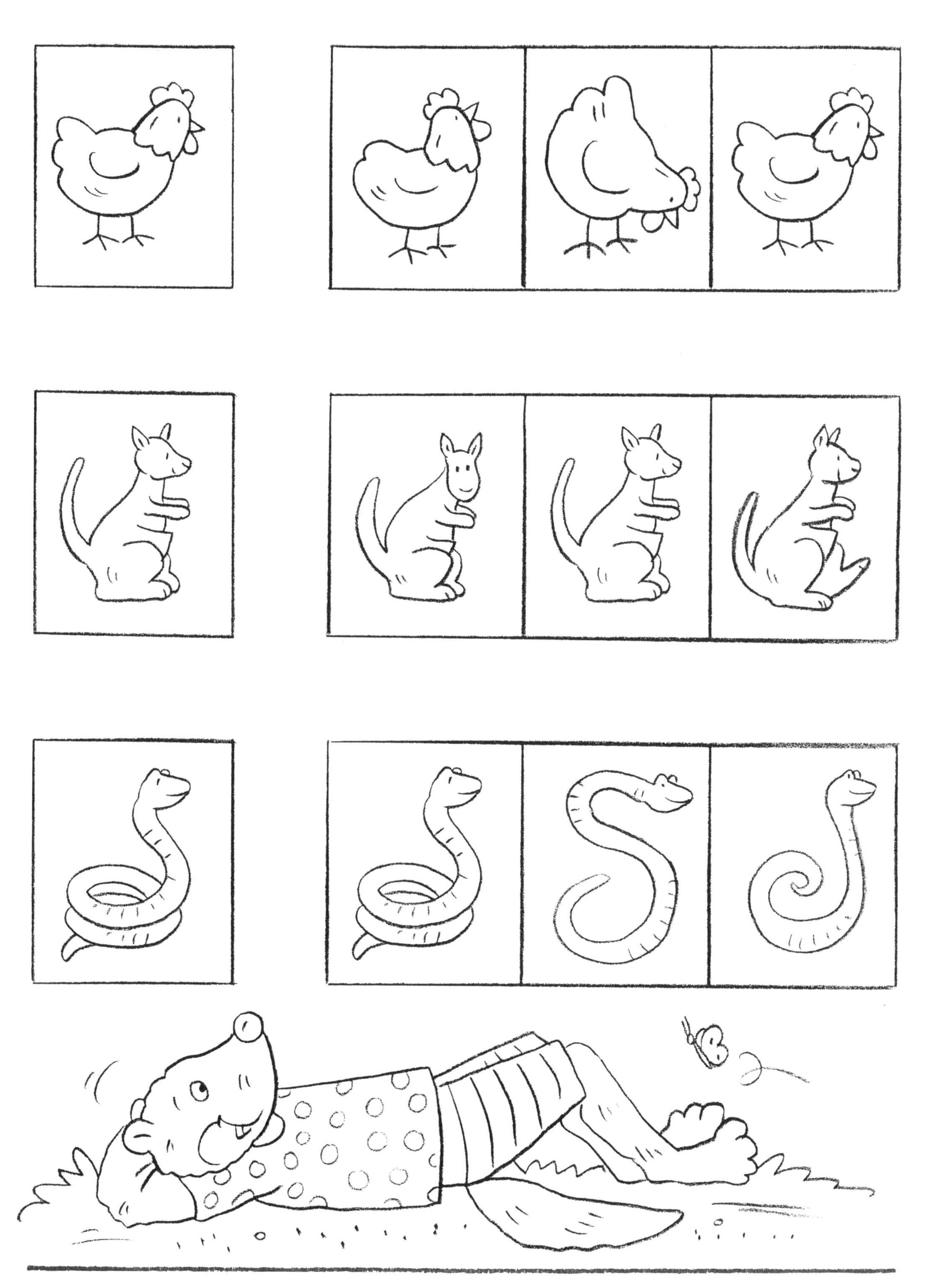

Willi Wiesel überlegt, welche zwei Bilder in jeder Reihe genau gleich sind. Male die beiden gleichen Bilder in jeder Reihe bunt an.

Wie viele Blumen hat Willi Wiesel in dieser Zeichnung versteckt? Male alle Blumen rot an und zeichne dann für jede Blume einen roten Punkt in das leere Kästchen.

Willi Wiesel sucht gerade nach den fünf Fehlern im unteren Bild. Hilfst du ihm dabei? Kreise jede Veränderung im unteren Bild ein.

Zum Geburtstagsfest bei Bruno Bär nimmt Willi Wiesel einige Spielsachen mit. Male nur die Spielsachen bunt an.

Die große Schnecke macht mit den kleinen Schnecken einen Spaziergang über die Wiese. Male jede kleine Schnecke in einer anderen Farbe an. Die große Schnecke wird ganz bunt!

Auch das zweite Vögelchen unten will zum Futterhäuschen. Es läuft der Spur des ersten Vögelchens nach. Zeichne den Weg entlang der Vogelspur mit einem Buntstift ein.

Bei jedem Bild fehlt eine Hälfte. Zeichne die Bilder fertig und male sie bunt aus.

Bei diesem heißen Wetter haben alle Freunde von Willi Wiesel Durst.
Male alle Tassen gelb, alle Becher grün und alle Gläser blau an.

Immer zwei Bilder passen zusammen. Verbinde sie mit einer Linie und male dann alles bunt an.

Für das große Sommerfest hängt Willi Wiesel schöne Lampions auf.
Male immer zwei gleiche Lampions in derselben Farbe an.

Zu jedem Fahrzeug passt ein kleines Bild. Male das, was zusammengehört, mit derselben Farbe an.

Erkennst du schon etwas? Wenn du alle Felder mit einem Dreieck grün und alle Felder mit einem Sternchen hellbraun anmalst, dann ist alles klar zu sehen.

Alle Tiere, die im Wasser leben, werden blau angemalt. Für die übrigen Tiere kannst du andere Farben verwenden.

Wie viele Schmetterlinge flattern über die Wiese? Male genauso viele Kreise rot an, wie du Schmetterlinge zählst. Danach kannst du das Bild bunt anmalen.

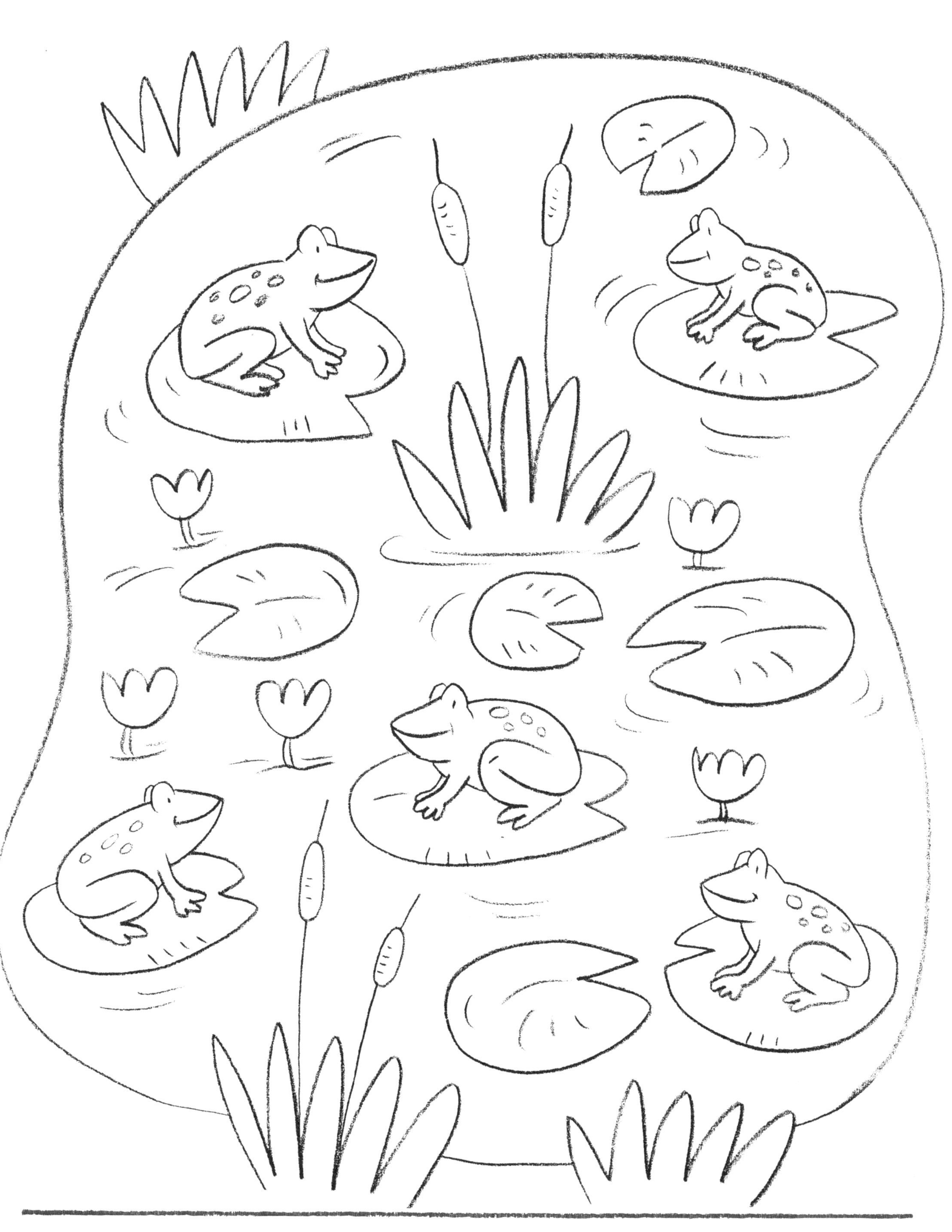

Im Seerosenteich sind fünf Frösche. Male nur die Blätter grün an, auf denen ein Frosch sitzt.

Von wo sind die drei Fische hierher geschwommen? Male jeden Bach in einer anderen Farbe an.

Willi Wiesel geht gerne einkaufen. Male alles im Bild bunt an, was man beim Bäcker kaufen kann.

Immer zwei Hühner sehen genau gleich aus. Sie schauen nur in die andere Richtung. Verbinde die Hühner, die zusammengehören, mit einem Strich und male sie bunt an.

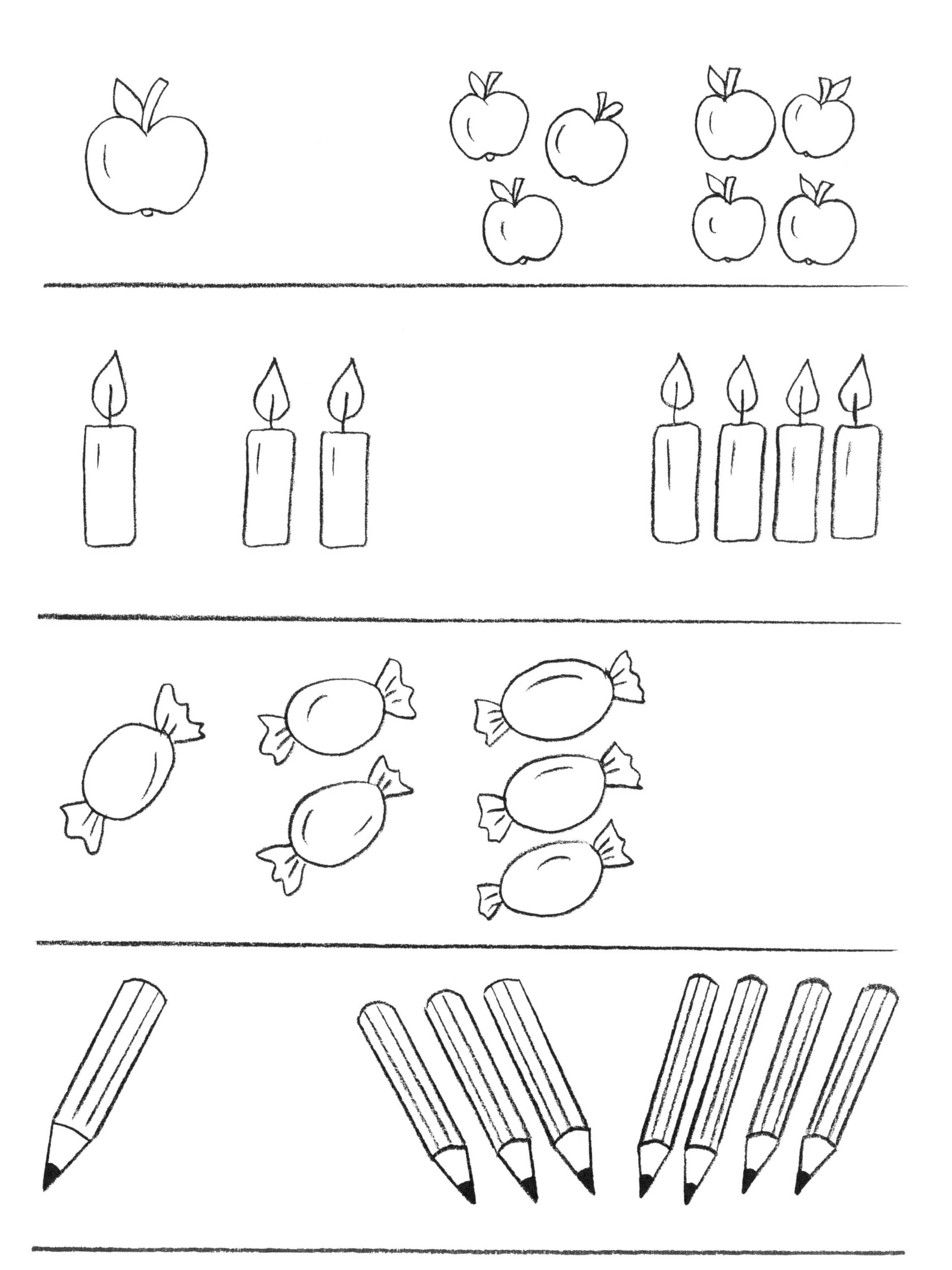

Wenn du schon zählen kannst, dann ist diese Aufgabe leicht. Zeichne die richtige Anzahl von Dingen an die freie Stelle.

Willi Wiesel hat auf dem Maskenfest seinen Hausschlüssel verloren. Kannst du ihn finden? Zeichne einen roten Kreis um den Schlüssel und male das Bild bunt an.

Fast alle Tiere schauen dich an, aber ein Tier in jeder Reihe ist nur von hinten zu sehen. Male nur dieses Tier in jeder Reihe bunt an.

Das Eichhörnchen findet seine Nüsse nicht mehr. Weißt du, welcher Weg zu den Nüssen führt? Male den richtigen Weg grün an.

Auf der Blumenwiese tummeln sich viele kleine Tiere. Male die großen Blüten nach, unter denen die Igel sitzen.

Willi und seine Freunde sind stolz auf ihre neuen T-Shirts. Male alle Dreiecke blau, alle Kreise gelb und alle Vierecke rot an.

Diese zwei Bilder sind nur auf den ersten Blick gleich. Finde die fünf Unterschiede und kreise sie im rechten Bild ein.

Willi Wiesel hat sich aus Bausteinen eine ganze Stadt gebaut. Male die zwei Häuser rot an, die genau gleich aussehen.

In jeder Zeile hat sich ein Buchstabe zwischen die Zahlen gemogelt.
Male nur die Zahlen bunt an.

Auf dem Badetuch von Willi Wiesel kannst du mehrere Fische entdecken.
Male jeden Fisch mit einer anderen Farbe an. Wie viele Fische zählst du?
Male für jeden Fisch einen Punkt rot aus.

Die zwei Tintenfische wollen beide den kleinen Fisch fangen. Welcher Tintenfisch hat den Fisch mit seinem Arm gefangen? Male die zwei Tintenfische mit verschiedenen Farben an.

Willi Wiesel hätte gerne auf jedem seiner Kleidungsstücke fünf schöne große Punkte. Kannst du die fehlenden Punkte dazumalen, bis es überall fünf Punkte sind?

Willi Wiesel geht mit seinen Freunden zum Fußballspielen. Zu wem gehört welches Hemd? Zeichne immer einen Strich vom Hemd zum richtigen Spieler. Achte auf die verschiedenen Größen!